Abou Darda (qu'Allah l'agrée)
la prière d'Allah et Son salut
un chemin par lequel il reche
par cela un chemin vers le pa   es anges tendent leurs
ailes par agrément pour celui qui recherche la science. Certes tous
ceux qui sont dans les cieux et la terre, même les poissons dans l'eau,
demandent pardon pour le savant. Le mérite du savant par rapport à
l'adorateur est comme le mérite de la lune par rapport aux autres
étoiles. Et certes les savants sont les héritiers des prophètes, et les
prophètes n'ont pas laissé comme héritage des dinars ou des dirhams
mais ils ont laissé comme héritage la science, celui qui la prend aura
certes pris la part complète ».
(Rapporté par Abou Daoud dans ses Sounan n°3641 et authentifié
par Cheikh Albani dans sa correction de Sounan Abi Daoud)

Au Nom d'Allah, le Tout Miséricordieux, le Très Miséricordieux.

[*Ô Allah, prie sur le meilleur homme d'entre nous, Muhammad, le prophète illettré, ainsi que sur sa famille et ses compagnons et multiplie les salutations*]
«Allahoumma çalli ala saïdina Muhammad, abdika wa rassoulika, Annabiyyi al oummiyi, wa ala alihi wa sahbihi wa sallim taslima ». AMINE.

SOMMAIRE

- Dédicace
- Préface
- Introduction
- Définition de la géomancie
- Prise de connaissance de quelques taskins
- Qu'est-ce qu'une maison en géomancie
- Description des maisons
- Qu'est-ce qu'une figure de géomancie
- Description des figures
- Qu'est-ce qu'un Ecu/thème géomantique ?
- Preparatifs pour l'élaboration d'un thème
- Qu'est-ce que les quatres mères ?
- Différente technique de recherche des 4 mères
- Développement d'un thème
- Analyse d'ensemble d'un thème
- Conclusion

DEDICACE

A ma famille
Mes proches
Et mes maitres

PREFACE

Au Nom d'Allah, le Tout Miséricordieux, le Très Miséricordieux. Nous Vous louons, Ô Allah, Vous qui donnes la connaissance et la lumière de la science à qui Vous jugez digne. Vous qui trompez les gourdes, en les tournant sur le chemin de l'ignorance et de l'illusion. Oh Allah, pour Vous, rien n'est impossible. Je témoigne qu'il n'y a pas de dieu à adorer, mais Allah et Mohammed est le messager d'Allah. C'est un témoignage que j'économise pour le Jour du jugement.

C'est mon premier livre en géomancie et d'autres sont en cours de publication. J'encourage l'étude de ces sciences occultes par tous.

Tout mon succès est grâce à Allah, qui accorde le succès à qui Il juge digne, Allah le Plus Grand Donateur de bénédictions.

À l'humanité, je présente ce tome, que j'ai recueilli à partir de l'héritage des anciens, le fruit des années de recherches.

Je l'ai intitulé :

"LA GEOMANCIE POUR DEBUTANT : SUR LE CHEMIN DE LA LUMIERE256 TOME 1"

Ce livre se veut informatif pour les débutants et digne de lecture pour ceux déjà initiés en géomancie.

Je demande à Allah de nous conduire, vous les lecteurs et moi-même, à un grand succès sur le chemin de la connaissance et de la justice. Amen.

INTRODUCTION

La quête du savoir a toujours fait partie de la nature humaine. Sonder l'inconnu dans le temps, l'espace et les relations avec l'environnement (immédiat et spirituel) afin de prendre des décisions éclairées est un comportement humain de tout temps et sous tous les cieux. L'art divinatoire est une des solutions pour aider les Hommes à accomplir ce dessein. Cet art peut se pratiquer de plusieurs manières et l'une des plus répandue à travers le monde est la géomancie.

La géomancie est une science révélée par Allah SWT à ses prophètes mais plus particulièrement au prophète Idrissa (PsL) par l'intermédiaire de l'Ange Gabriel (PsL).

La géomancie a été longtemps critiquée et reste toujours un sujet de débat dans les religions et cela suivant les interprétations des textes religieux et les objectifs visés par les acteurs. En tant que science liée aux lettres et aux chiffres, la géomancie consiste à tracer sur du sable (à l'origine), du papier ou sur tout autre support des symboles, Noms divins, chiffres, lettres ou figures géométriques pour être situé sur un ou plusieurs évènements et influencer l'obtention d'une chose licite et éthiquement éligible.

C'EST QUOI LA GEOMANCIE ?

Plus, qu'un art divinatoire, la géomancie est une science qui par des techniques nous situe sur le présent, le futur et le passé d'une question. Elle informe sur le déroulement des évènements et donne les possibilités au géomancien de changer l'issue par le biais des sacrifices.

ETUDES DE QUELQUES TASKINS (SYSTEMES DE BASE)

Un TASKIN peut se définir comme une séquence spécifique des 16 figures géomantiques, chaque séquence présentant différents types de correspondances - élémentaire, humorale, temporelle, astrologique, lettriste, etc. Le géomancien a un nombre de cycles un peu plus important à sa disposition qu'il utilise dans une lecture donnée en fonction de la nature de l'information recherchée et du degré de détail requis.

LE TASKIN BZDH (2-7-4-8)

Le cycle BZDH, ou le cycle du Nombre, est utilisé pour indiquer les périodes ; il commence par Youssouf et se termine par Moussa.

LE TASKIN ABJAD (1-2-3-4)

Le cycle ABJAD, ou le cycle élément (*unṣur*) ou alphabet arabe (*abjad-i ʿarabī*), qui est également populaire ; il commence par Adam et se termine aussi par Moussa.

LE TASKIN MIZAJ

Le cycle Constitution (*mizāj*) indique au questionneur le jour où il peut s'attendre à réaliser son désir ; il commence par Ousmane et se termine par Lassine.

LE TASKIN QUI TOURNE

Le cycle d'occupation est le plus fondamental ; il

commence par Youssouf et se termine par Ousmane.

QU'EST CE QU'UNE MAISON DE GEOMANCIE ?

Les maisons géomantiques peuvent se définir comme étant les demeures d'où les figures tirent leur personnalité. Elles sont d'une très grande importance car essentielles pour la compréhension des différentes significations que peuvent prendre les figures.

DESCRIPTION DES MAISONS DE GEOMANCIE

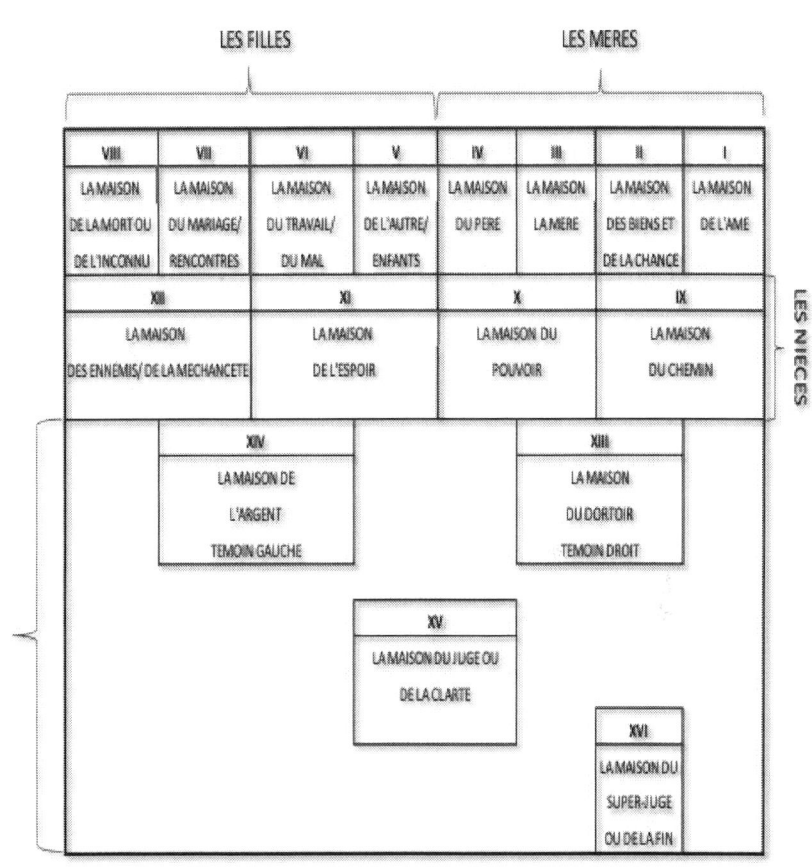

MAISON 1

- **Bélier/ Planète Mars :** Elle renseigne sur le MOI, la personnalité propre du consultant et donc le sujet et l'objet de la consultation.
- **Qualité :** Maison forte et très bonne maison
- **Élément :** Feu
- **Temps :** Présent
- **Orientation :** Sortante
- **Anatomie :** Tête

MAISON 2

- **Taureau/Venus :** Elle renseigne sur ce qu'on possède, les biens (matériels et immatériels, l'argent).
- **Qualité :** Moyenne/ bonne
- **Élément :** Vent
- **Temps :** Futur
- **Orientation :** Mobile
- **Anatomie :** Le cou et la gorge

MAISON 3

- **Gémeaux/Mercure :** Elle renseigne sur la façon de communiquer, les rapports avec les autres, l'entourage proche.
- **Qualité :** Débile/ bonne
- **Élément :** Eau
- **Temps :** Passé
- **Orientation :** Entrante
- **Anatomie :** Les épaules, les bras, les mains et la poitrine

MAISON 4

- **Cancer/Lune :** Elle renseigne sur les sources, les racines, la famille, le foyer mais dans le sens de l'hérédité ; ce qui vient des ancêtres.
- **Qualité :** Forte/bonne
- **Élément :** Terre
- **Temps :** Présent
- **Orientation :** Fixe
- **Anatomie :** L'œsophage, l'estomac, le foie, le pancréas.

MAISON 5

- **Lion/Soleil :** Elle renseigne sur les enfants et les relations avec eux mais aussi la part d'enfant qui sommeille en nous.
- **Qualité :** Moyenne/Très bonne
- **Élément :** Feu
- **Temps :** Futur
- **Orientation :** Sortante
- **Anatomie :** Le cœur, la moelle épinière et le dos.

MAISON 6

- **Vierge/Mercure :** Elle nous renseigne sur le quotidien et comment nous l'appréhendons, mais aussi sur notre capacité à nous modérer et à anticiper.
- **Qualité :** Débile/mauvaise
- **Élément :** Vent
- **Temps :** Passé
- **Orientation :** Mobile
- **Anatomie :** Le ventre et les intestins

MAISON 7

- **Balance/Vénus :** Elle renseigne sur la vie conjugale, le foyer dans lequel on vit mais aussi sur nos rapports avec les autres et avec la justice.
- **Qualité :** Forte/mauvaise
- **Élément :** Eau
- **Temps :** Présent
- **Orientation :** Entrante
- **Anatomie:** Les reins.

MAISON 8

- **Scorpion/Pluton :** Elle renseigne sur les transformations profondes de ce que nous sommes.
- **Qualité :** Moyenne/ Mauvaise
- **Élément :** Terre
- **Temps :** Futur
- **Orientation :** Fixe
- **Anatomie :** La vessie et les organes génitaux.

MAISON 9

- **Sagittaire/Jupiter :** Elle renseigne sur la spiritualité, les hautes études, les grands voyages.
- **Qualité :** Débile/Bonne
- **Élément :** Feu
- **Temps :** Passé
- **Orientation :** Sortante
- **Anatomie :** Les hanches et les cuisses.

MAISON 10

- **Capricorne/Saturne :** Elle renseigne sur les ambitions professionnelles, la quête de reconnaissance sociale, les objectifs, les buts.
- **Qualité :** Forte/Très bonnes
- **Élément :** Vent
- **Temps :** Présent
- **Orientation :** Mobile
- **Anatomie :** Les genoux.

MAISON 11

- **Verseau/Uranus :** Elle renseigne sur les relations amicales, l'altruisme et tout ce qui touche à des activités faites en groupe.
- **Qualité :** Moyenne/Très bonne
- **Élément :** Eau
- **Temps :** Futur
- **Orientation :** Entrante
- **Anatomie :** Les jambes et les chevilles.

MAISON 12

- **Verseau/Uranus :** Elle renseigne sur les épreuves, les secrets la notion de sacrifice et d'abnégation du MOI.
- **Qualité :** Débile/Mauvaise
- **Élément :** Terre
- **Temps :** Passé
- **Orientation :** Fixe
- **Anatomie :** Les pieds

MAISON 13

- **Le dortoir :** elle a le même mérite que la maison 1et a le même jugement.
- **Qualité :** Bonne
- **Élément :** Feu
- **Temps :** Passé
- **Orientation :** Sortante

MAISON 14

- **La maison de l'argent :** elle subit le même jugement que la maison 4. Elle représente la question/l'objectif.
- **Qualité :** Moyenne
- **Élément :** Vent
- **Temps :** Futur
- **Orientation :** Mobile

MAISON 15

- **Le juge :** elle subit le même jugement que la maison 7.
- **Qualité :** Forte/Très bonne
- **Élément :** Eau
- **Temps :** Présent
- **Orientation :** Entrante

MAISON 16

Le super-juge, il subit les mêmes jugements que la maison 10.

LA GEOMANCIE POUR DEBUTANT

LA NATURE DES MAISONS

Elements / Maisons	Terre	Eau	Vent	Feu
Meres	4	3	2	1
Filles	8	7	6	5
Nieces	12	11	10	9
Tribunal	16	15	14	13

LE SENS DES MAISONS

MAISON8	MAISON7	MAISON6	MAISON5	MAISON4	MAISON3	MAISON2	MAISON 1
NOUS AVONS	NOUS SOMMES	JE SERS	J'AIME	JE SENS	JE PENSE	J'AI	JE SUIS

MAISON12	MAISON11	MAISON10	MAISON9
NOUS SERVONS	NOUS AIMONS	NOUS REALISONS	NOUS PENSONS

MAISON14 — TEMOIN GAUCHE

MAISON13 — TEMOIN DROIT

MAISON15 — LE JUGE

MAISON16 — LE SUPER JUGE

19

QU'EST CE QU'UNE FIGURE DE GEOMANCIE ?

Une figure géomantique peut se définir comme étant l'enfant et le messager des maisons. En plus d'avoir le titre de la maison qu'elle occupe, la figure a son propre nom et nature qui sont différents de celle des maisons.

Étude d'une figure

Une figure de géomancie est d'apparence vertical et se présente sous différentes formes qui peuvent être des : trait, chiffre, point ou lettre. Une figure de géomancie est composée de 4 parties soit 4 couches. La 1ère = feu ; la 2e = vent ; la 3e = eau ; la 4e = terre.

Ainsi l'exemple de la figure Ibrahim l'illustre :

        o   Feu

        o   Vent

        o   Eau

        o   Terre

DESCRIPTION DES FIGURES DE GEOMANCIE

IL Y A EN GEOMANCIE 16 FIGURES DIFFERENTES

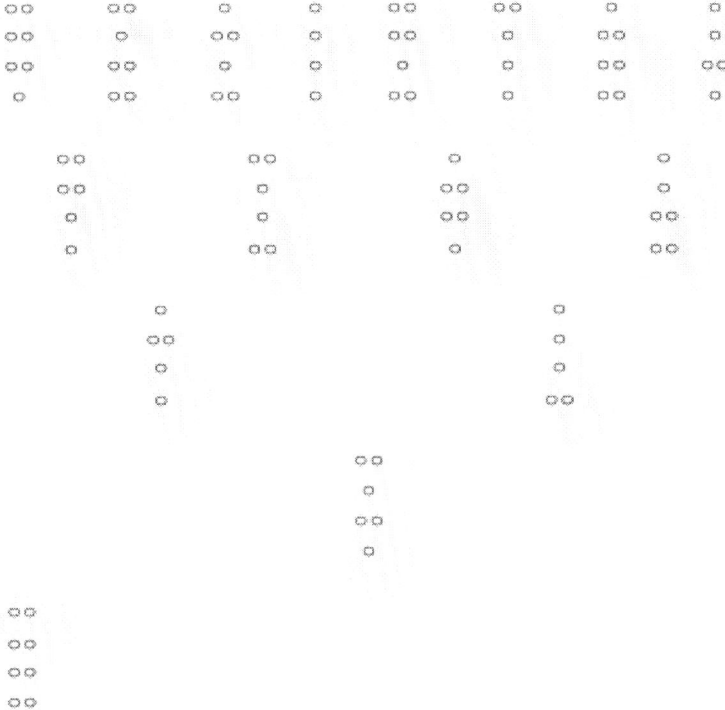

NOM DES DIFFERENTES FIGURES DE GEOMANCIE

Les figures géomantiques ont plusieurs noms selon la localisation géographique. Ici se trouve le nom de chaque figure susceptible d'etre reconnu partout sur le globe.

LES FIGURES AU REPOS DANS LE SYSTEME BZDAH (2-7-4-8)

	M IV	M III	M II	M I	Les Maisons
Les formes	* * * * * * *	* * * * *	* * * * * * *	* * * * *	
	ALBAYADA/ ALBUS	MALEDIOU/TETE DU DRAGON	ADAMA/ JOIE	SEJOU/DIANFA ALMAMY/PUER	Les Noms des Formes
Les Maisons	M VIII	M VII	M VI	M V	
	* * * * * * *	* * * * * * *	* * * * * *	* * * *	Les formes
	ALMANGOUSSI / TRISTESSE	OUMAR / LOMARA/ ROUGE	ISSA/ NGASAN/ PERTE	TARIKI / IBRAHIMA / VIA/ LA VOIE	Les Noms des Formes
Les Maisons	M XII	M XI	M X	M IX	
	* * * * * *	* * * * * *	* * * * * *	* * * * * *	Les formes
Les Noms des Formes	NOUHOUN KORO / FORTUNE MAJEUR	BADARA ALI / CONJONCTURE	SOLOMANA / PRISON	KALALAHOU / PETITE FORTUNE	
	M XVI	M XV	M XIV	M XIII	Les Maisons
Les formes	* * * * * * * *	* * * * * *	* * * * *	* * * * *	
	MOUSSA/ PEUPLE	ZOUMANA/ GAIN	GARIAN/TONTIGUI/GAR CON	LAHUSSINA/ QUEUE DU DRAGON	Les Noms des Formes

NATURE DES FIGURES

	1	1	1	2		2	2	2	2
FEU	2	1	1	2	VENT	1	1	1	1
	2	2	2	2		2	2	1	1
	2	1	2	2		2	1	2	1
	2	1	1	1		2	1	1	2
EAU	2	2	1	1	TERRE	2	2	2	2
	1	1	1	1		2	1	2	1
	2	2	2	1		1	1	1	1

LE GENRE DES FIGURES

MASCULINE

2	2	2	1	1	1	1	1
2	1	1	2	1	1	2	1
2	1	2	1	2	1	2	2
2	2	2	2	2	1	2	1

FEMININE

2	1	1	2	1	2	2	2
1	2	1	2	2	2	2	1
2	1	1	1	2	2	1	1
1	1	2	1	1	1	2	1

Le feu et l'air sont masculins et l'eau et la terre sont féminin.

L'ORIENTATION DES FIGURES

- Les figures feu désignent la direction Est
- Les figures vent/air, la direction Ouest
- Les figures eau la direction Nord
- Les figures terre la direction Sud

LES FIGURES PAIRES ET IMPAIRES

ESPRITS/IMPAIRES

1	2	2	2	2	1	1	1
1	1	1	2	2	2	2	1
1	1	2	1	2	2	1	2
2	1	2	2	1	2	1	1

HUMAINES/PAIRES

1	2	2	1	2	1	2	1
2	1	2	1	1	2	2	1
1	2	2	1	1	2	1	2
2	1	2	1	2	1	1	2

LA DIRECTION DES FIGURES

les figures entrantes	les figures sortantes
2 2 2 2	1 1 1 1
1 1 2 2	2 1 1 2
2 1 1 2	1 1 2 2
1 1 1 1	2 2 2 2

les figures mobiles	les figures fixes
1 1 1 1	2 2 2 2
1 2 1 2	1 2 1 2
2 1 1 2	1 1 2 2
1 1 1 1	2 2 2 2

Chaque figure dont le poste feu est impair et le poste terre paire est sortante (extérieur). Chaque figure dont le poste terre est impair et le poste feu est paire est entrante (intérieur). Si les deux postes feu et terre sont impaires on dit que la figure est mobile et tourne et si les deux sont paires elle est fixe.
Les figures 2222,1111,2112,1221 ne tournent pas, elles restent le même quel que soit leur position.
Si vous les tourner elles ne changent pas.

LE TEMPS DES FIGURES

- La figure qui compte 4 points représentent le commencement
- Celles qui totalisent un nombre total de 5 points représentent le passé
- Les figures qui totalisent 7 points représentent le présent
- Les figures qui totalisent 6 points représentent le futur
- La figure qui totalise 8 points représente la fin/la finition.

LES COULEURS DES FIGURE

Jaune : 2111, 2121, 1222, 1112, 1212, 1122

Rouge : 2122, 1211, 1121, 2211

Noire : 1221, 2221, 2112, 2222

Blanche : 1111, 2212

LE POIDS DES FIGURES

- Le feu et l'air sont **léger**
- L'eau et la terre sont **lourdes**

LES JOURS DES FIGURES

LA GEOMANCIE POUR DEBUTANT

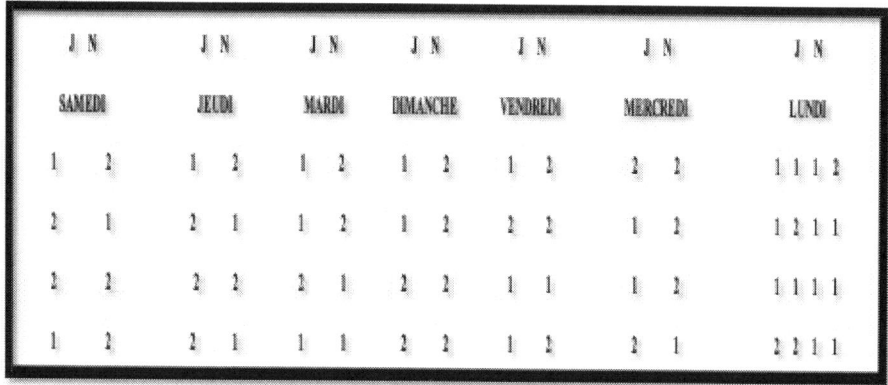

Esprit Âme et Corps

Les éléments feu et vent sont l'esprit : l'eau représente l'âme et la terre le corps.

ANATOMIE DES FIGURES

		TETE		
		COU		
MAIN GAUCHE	EPAULE GAUCHE	POITRINE /THORAX	EPAULE DROITE	MAIN DROITE
	DOS	VENTRE	LES COTES	
	CUISSE GAUCHE	SEXE FEMME	CUISSE DROITE	
		SEXE HOMME		
	JAMBE GAUCHE		JAMBE DROITE	

LES FIGURES ET LES MOIS DE L'ANNEE

Figures	Mois luneaires	Figures	Mois gregoriens
2212, 1111	Al Mouharram	2221	Janvier
1122, 2121	Safar	1221	Fevrier
2222	Rabi' al-awwal	2111	Mars
1211	Rabi' al-thani	1121	Avril
2122	Djoumada al-awwal	2211	Mai
1222, 1112	Djoumada al-thani	1212, 2112	Juin
2221	Rajab	1111, 2212	Juillet
1221	Shaaban	2121, 1122	Aout
2111	Ramadan	2222	September
1121	Shawwal	1211	October
2211	Dhu al-Qi'dah	2122	November
2112, 1212	Dhu al-Hijjah	1222, 1112	December

LES FIGURES JOUR ET NUIT

			JOURS				
2	2	2	2	2	1	1	1
1	1	1	1	2	1	2	1
2	1	2	1	2	2	2	2
1	2	2	1	2	2	2	1
			NUITS				
1	2	1	2	1	1	1	2
2	2	2	2	1	2	1	2
1	1	2	2	1	1	1	1
1	1	1	1	1	2	2	1

Le feu et l'air sont du jour et l'eau et la terre sont nocturnes.

LES FIGURES ET LE TEMPS

COUCHE DU SOLEIL	MIDI	COUCHE DU SOLEIL	DINER	TOT MATIN	MIDI	MIDI	TOT LE MATIN
APRES MIDI		DINER	COUCHE DU SOLEIL	TOT MATIN		LEVER DU SOLEIL	LEVER DU SOLEIL

LES FIGURES BAVARDES ET MUETTES

BAVARDES							
1	1	1	2	1	2	1	1
2	1	1	1	2	2	2	1
1	1	2	2	1	1	2	2
1	2	2	2	2	2	2	1
MUETTES							
2	2	2	2	1	2	1	2
2	1	1	2	2	2	1	1
2	1	2	1	2	2	1	1
2	2	1	1	1	1	1	1

- Chaque figure de poste air impair est sortante, c'est-à-dire que sa règle est la règle des figures sortantes, comme la figure Oumar. Chaque figure de poste eau ouvert est entrante, par exemple la figure Idrissa autrement dit sa règle est la règle des figures entrantes.
- Quant à la figure de Moussa et Ali, elles sont entrantes et la figure Ibrahim et Souleymane sont sortantes.
- **NB** : Chaque figure sortante est vide- une solution vide, Chaque figure entrante est remplie.

LES FORMES DES FIGURES

Les figures 1121, 2122, 1112 et 1111 sont longue.
Les figures 1222, 1211, 1122, 2121 sont carrées.
Les figures 2111, 2212, 2221, 1221, 2211 sont rondes
Les figures 1212, 2222, sont triangulaires
Et la figure 2112 est de forme losange.

LES QUALITES DES FIGURES

Les très bonnes figures : 2211, 2121, 2111, 2212
Les bonnes figures : 1222, 1122
Les figures neutres : 1211, 1221, 2112, 2222, 1121, 1111
Les très mauvaises figures : 2221, 1212, 2122, 1112

LE GOUT DES FIGURES

Les figures 1122, 1212, 1112 ont un goût salé.
Les figures 2221, 1221 sont amères
Les figures 1211, 2122, 1222 ont un goût aigre.
Les figures 2111, 2121 ont un goût doux et bon
Les figures 2211, 1121 sont acides
Les figures 2222, 1111 sont juteux
Les figures 1111, 2212 sont sans saveur

LES FIGURES INDIQUANT LES PIERRES MINERALES

Les figures 1122, 1212 indiquent l'or et les bagues ou anneaux.

Les figures 2212, 1111 désignent l'argent.

Les figures 2222, 2112 désignent le mercure.
Les figures 1222, 2121, 1121, désignent l'étain.
Les figures 2211, 1211 désignent le cuivre
Les figures 1221, 2221 désignent le plomb.
La figure 1112, 2111 désignent le fer.

LES FIGURES ET LES PLANETES

SATURNE	JUPITER	MARS	SOLEIL	VENUS	MERCURE	LUNE
2 1	2 1	2 1	2 1	1 2	2 2	1 2 1 1
2 2	1 2	1 1	1 1	2 2	1 2	1 2 1 2
2 2	1 2	2 2	2 2	1 1	1 2	1 1 1 1
1 1	1 2	2 1	1 2	1 1	2 2	1 2 2 2

HONNEUR ET RELEGATION

Les figures de **Saturne** sont en exaltation (palais) en **maison 7** et en chute en **maison 1.**
Les figures de **Jupiter** sont en exaltation en maison **4** et

chute en maison **12**.

Les figures de **Mars** sont en exaltation en maison **2** et chute en maison **8**.

Les figures du **Soleil** sont en exaltation en maison **1** et en chute en maison **7**.

Les figures de **Vénus** sont en exaltation en maison **12** et en chute en maison **4**.

Les figures de **Mercure** sont en exaltation en maison **6** et en chute en maison **12**.

Les figures de **Lune** sont en exaltation en maison **2** et chute en maison **8**.

Simplification :
Les figures des planètes **Mars** et **Lune** sont en **exaltation** en **maison 2** et **chute** en **maison 8**.

Les figures des planètes **Jupiter** et **Mercure** sont en **chute** en **maison 12**.

CONVIVIALITES ET HOSTILITES

(Les éléments et les planètes)

Les figures feu et d'air s'aiment et les figures d'eau et de terre s'aiment.

Les figures feu et eau sont ennemies et les figures vent et terre sont ennemies.

les planetes suivantes sont ennemies : Jupiter et Mars ; Soleil et Saturne ; Venus et Mercure ; Lune et Queue.

Les planetes suivantes sont : Jupiter est ami avec Vénus et Lune ; Mercure est ami avec Soleil, Saturne est ami avec Mars.

SACHEZ QUE : Toute figure est voulue et vigilante dans sa 7ème maison, sa joie est dans sa 5ème maison, son sens et son secret sont dans sa 6ème maison, sa brûlure et sa crainte sont dans sa 8ème, son absence est dans sa 9ème, sa possession et son bonheur sont dans sa 10eme maison.

LE TABLEAU DES DUREES DES FIGURES DANS LEURS MAISONS RESPECTIVES

Le Taskin of Round							
36	28	21	15	10	6	3	1

78	66	55	45

105	91

120

136

ALPHABET DES FIGURES

FIGURE	LETTRE		
Adam	ا 'Alif		ف Fā'
Ayoub	ب Bā'		ص Ṣād
Oumar	ج Jīm		ق Qāf
Idriss	د Dāl		ر Rā'
Nouhoum	ه Hā'		ش Shīn
Kalalau	و Wāw		ت Tā'
Mohamed	ز Zāy		ث Thā'
Lassine	ح Ḥā'		خ Khā'
Youssouf	ط Ṭā'		ذ Dhāl
Younus	ي Yā'		ض Ḍād
Ousmane	ك Kāf		ظ Ẓā'
Issa	ل Lām		غ Ghayn
Moussa	م Mīm		
Souleymane	ن Nūn		
Aliou Badra	س Sīn		
Ibrahim	ع 'Ayn		

QU'EST CE QU'UN ECU/ THEME GEOMANTIQUE

L'Ecu géomantique se définit comme l'espace où prend place l'ensemble des différentes figures grâce à un processus précis après un questionnement. L'Ecu est divisé en plusieurs cases. Il comporte deux zones distinctes, la partie droite de l'Ecu représente le passé et le présent de la question et la partie gauche représente le futur de la question.

PREPARATION POUR L'ELABORATION D'UN THEME

Ici le géomancien doit observer les conditions suivantes :

- Avoir l'ablution,
- Trouver le bon moment et être diriger vers la Qibla (Est)
- S'assoir sur le genou
- Orienter le cœur, les sens et l'esprit vers l'intention
- Trouver un endroit qui soit calme et propre contre toutes les impuretés telles que les chiens, les cochons, les serpents, les scorpions, le sang, etc.
- Être saint d'esprit et ne s'appuyer que sur Dieu Tout Puissant, à la recherche des 4 mères
- Se méfier de mentir absolument pour dire vrai, ainsi que de toute débauche
- S'abstenir d'ériger un thème quand il pleut spécialement s'il y a du bruit (tonnerre…)
- Ne pas ériger de thème pour quelqu'un qui n'y croit pas.

Si toutes ses conditions sont réunies alors le géomancien peut ériger le thème du consultant.

LES JOURS LUNAIRES DE L'INTERROGATION

LES JOURS HEUREUX

2e jour, 4e jour, 6e jour, 8e jour, 10e jour, 14e jour, 20e jour, 23e jour, 27e jour, 28e jour, 30e jour.

LES JOURS MOYENS

1e jour, 7e jour, 9e jour, 11e jour, 12e jour, 15e jour, 17e jour, 18e jour, 19e jour, 22e jour, 26e jour, 29 jours.

LES JOURS MAUVAIS

3e jour, 5e jour, 13e jour, 16e jour, 21e jour, 24e jour, 25e jour.

DIFFERENTES TECHNIQUES DE RECHERCHE DES 4 MERES

QU'EST CE QUE LES 4 MERES ?

Elles sont les 4 premières figures appelées les mères. Elles sont issues des tirages ou autres moyens et se positionnent dans les 4 premières maisons d'un thème, à partir desquelles naissent les autres figures des 12 maisons.

METHODE DE RECHERCHE DES 4 MERES

Il y a plusieurs façons de faire cela.

- **La première méthode** et sûrement la plus ancienne est de faire 4 lignes de points superposées quatre fois. La 1^(ère ligne) sera plus courte que la seconde, la 2eme plus courte que la 3eme et la 3eme plus courte que la 4ème et de les supprimer 2 à 2/ ou 4/4 jusqu'à ce qu'il ne reste que 2 ou 1 point.
- **La deuxième méthode** serait de faire des dés des 16 figures et les mettre dans un petit sac. Ainsi pour trouver les 4 mères, il suffit de poser l'intention et piocher 4 figures un part un.
- **La troisième méthode** est de faire 4 lignes de points superposées et compter 16 par 16 les points. Si la ligne a moins de 16 ou juste 16 points, alors on prend la forme qui se trouve dans la maison du résultat. Si le nombre de points est plus que 16, on recommence avec le compte. La 1ère ligne est plus longue que la 2ème, la seconde plus longue que la 3eme et la troisième plus longue que la 4eme.
- **La 4eme méthode ou celle avec le chapelet :** pour trouver les 4 mères avec le chapelet, il faut prendre l'intention en ayant la question dans le cœur, réciter la Fatiha 1 fois et Iklass 3 fois. Ensuite mettre le chapelet devant toi sans regarder, il faut le prendre et engrainer 16 par 16 à partir de là ou tu la pris. Le reste indiquera la forme qui sera la 1ère mère. On répète cette action 4 fois pour trouver les 4 mères.
- **Exemple :** si le reste est 11 il s'agit de la forme Aliou Badara qui a pour maison 11 dans le système Bazdaha.
- **Nb :** Le chapelet doit être forcément un nombre supérieur ou égale à 16.

DEVELOPPEMENT D'UN THEME

SCHEMA DU PROCESSUS DE DEVELLOPEMENT D'UN THEME

F	F	F	F	F	F	F	F
V	V	V	V	V	V	V	V
E	E	E	E	E	E	E	E
T	T	T	T	T	T	T	T

F*F   F*F   F*F   F*F
V*V   V*V   V*V   V*V
E*E   E*E   E*E   E*E
T*T   T*T   T*T   T*T

FF*FF   FF*FF
VV*VV   VV*VV
EE*EE   EE*EE
TT*TT   TT*TT

FFFF*FFFF
VVVV*VVVV
EEEE*EEEE
TTTT*TTTT

F(M1*M15)
V(M1*M15)
E(M1*M15)
T(M1*M15)

ANALYSE D'ENSEMBLE D'UN THEME

- Il indiquera si l'ambiance de la question est favorable ou défavorable et donnera la tonalité générale de la réponse.
- Il repose sur les observations suivantes :
- La prédominance des bonnes et mauvaises figures
- En cas d'égalité compter les Pairs et Impairs des 12 maisons
- Si le nombre de bonnes figures l'emporte sur celui des mauvaises ou s'il y a plus de lignes de points paires, ou l'inverse
- Le nombre de figures entrantes ou sortantes et de figures
   fixes où mobiles
- Proportion des bonnes et mauvaises figures dans les 4 maisons angulaires ou pilier (01-04-07-10)
- Nature et qualité des Témoins et du Juge : Il ne faut pas qu'il y ait contradiction entre cette interprétation et la conclusion des autres éléments de l'analyse du thème

Dominante élémentaire du thème : C'est l'analyse des 15 éléments issus des 15 FIGURES

L'INTERPRETATION DES FIGURES DANS LES MAISONS EN FONCTION DE LEURS TEMPS

Quand une figure future se retrouve :

- Dans une maison du passé cela signifie que l'évènement passé reviendra
- Dans une maison du présent, cela signifie que l'événement durera
- Dans une maison future, l'évènement se produira et cela sur une longue durée.

Quand une figure du présent se retrouve :

- Dans une maison présente alors l'évènement se passe ou se fera à l'instant T
- Dans une maison future, il se prolongera dans le futur,
- Dans une maison du passé, alors il dimunie d'importance.

Quand une figure du passé se retrouve :

- Dans une maison présente alors l'évènement passé se refera et augmente de valeur
- Dans une maison du futur, la reproduction de l'évènement passé dans le futur se fera,
- Dans une maison du passé, elle n'a pas de valeur, l'événement est passé pour de bon.

LES 4 COUCHES D'UNE FIGURE DE GEOMANCIE

Terre	Eau	Vent	Feu
Pieds	Ventre	Poitrine	Tete
Annee	Mois	Semaine	Jour
Vieillard	Adulte	Adolescence	Enfance
Nutriment	Seve	Gaz	Lumiere
Froide et Humide	Froide et Seche	Chaud et Humide	Chaud et Sec
L'automne	L'hiver	Printemps	L'ete
Lourd	Mou	Leger	Ardent
Nord	Sud	Ouest	Est
Conservation	Avoir	La communication	Vue
Nuit	Soir	Apres midi	Matin
Bras	Coude	Poignet	Doigt
Sec	Cultivable	Vivant	Fer
Ecorce	Fruit/Gui/Fleur	Feuille	Racine

CONCLUSION

Le tome 1 de ce livre : « GEOMANCIE POUR DEBUTANT SUR LE CHEMIN DE LA LUMIERE$_{256}$ » a consisté à présenter au lecteur les bases et notions fondamentales nécessaires à la pratique de cette science qui est la géomancie. Il est le prélude du tome 2 intitulé « PRATIQUE DE LA GEOMANCIE SUR LA VUE DE LA LUMIERE$_{256}$ ». Aussi, ai-je choisi de présenter mon expose dans un style de langue simple et facile à saisir par le lecteur.

BIBLIOGRAPHIE

SHEICK TOUKHI *MANBAOUSSOUL RAML*
SHEICK ISLAM *MOU SOU A FIL RAML*
AMBELAIN LA GEOMANCIE

LA GEOMANCIE POUR DEBUTANT
SUR LE CHEMIN DE LA LUMIERE256
TOME 1

Muhammed Coker: tobycoker08@gmail.com

LA GEOMANCIE POUR DEBUTANT SUR LE CHEMIN DE LA LUMIERE 256

TOME 1

PAR MUHAMMED M.O.A COKER

LA GEOMANCIE POUR DEBUTANT

SUR LE CHEMIN DE LA

LUMIERE$_{256}$

TOME 1

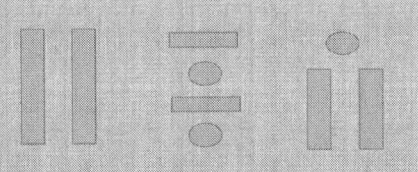

Made in the USA
Columbia, SC
06 July 2022